Anna Lana

F*CK*N

WORTSUCHRÄTSEL

BUCH

für Erotik Fans

Einleitung

Auf den folgenden Seiten finden sich thematisch sortierte Wortsuchrätsel.

Um ein Wortsuchrätsel zu lösen, müssen alle jeweils aufgelisteten Worte in der darüber befindlichen Buchstabenmatrix gefunden werden. Ist ein Wort gefunden, sollte es mit einem Stift umkreist und das gefundene Wort aus der Liste gestrichen werden. Sind alle Worte aus der Liste gefunden, ist das Rätsel gelöst. Bei Schwierigkeiten ein Rätsel zu lösen, kann die Lösung jeweils auf der Rückseite nachgeschaut werden. Die zu findenden Worte sind jeweils als ganzes (d.h. immer nur in einer Richtung und ungebrochen) in der Matrix nach folgenden Regeln versteckt:

- Suchworte können sich überlagern, d.h. ein Buchstabenkästchen kann von mehreren Suchworten genutzt sein.

- Worte können vorwärts, rückwärts, horizontal, vertikal oder diagonal in der Matrix versteckt sein.

- Suchworte stehen für sich alleine und sind untereinander aufgelistet.

Bibliografische Information der Deutschen Nationalbibliothek: Die Deutsche Nationalbibliothek verzeichnet diese Publikation in der Deutschen Nationalbibliografie; detaillierte bibliografische Daten sind im Internet über http://dnb.dnb.de abrufbar.

© 2021 Anna Lana; 1. Auflage
Covergrafik, Texte & Illustrationen © 2021 Anna Lana
Herstellung und Verlag: BoD – Books on Demand, Norderstedt
ISBN: 9783754324318

```
J  Z  V  G  O  A  A  J  U  O  B  A  N  V  P  S  I  I  Y  Q
D  F  N  V  V  T  R  J  N  Q  T  K  L  S  G  E  V  L  W  J
N  L  D  S  Q  V  D  H  I  T  U  M  B  E  K  M  N  A  A  P
B  M  B  P  F  P  U  I  U  Z  K  V  K  C  W  V  R  V  I  K
D  M  X  L  M  G  A  W  C  T  G  B  U  M  S  E  N  Y  S  P
G  O  B  S  W  A  D  R  I  P  F  I  J  G  P  J  V  E  W  C
L  G  O  V  L  D  L  O  Z  S  O  N  E  K  C  I  F  F  B  D
E  G  E  S  C  H  L  E  C  H  T  S  V  E  R  K  E  H  R  S
J  A  K  K  F  E  X  V  D  S  C  H  N  M  B  E  J  U  V  Y
E  M  Q  Z  W  V  Q  N  V  H  M  M  Y  P  J  F  J  G  Z  M
M  A  G  I  Z  G  O  L  L  Y  S  X  Y  E  L  C  U  I  P  M
E  E  I  E  X  D  G  E  G  L  H  P  J  F  I  E  N  I  D  F
P  V  Y  Q  F  S  C  S  W  E  K  S  P  N  J  Z  K  E  V  D
V  O  D  M  Q  H  F  S  M  B  J  R  U  C  I  S  D  L  X  C
X  S  E  T  T  J  E  N  H  T  P  U  X  O  L  M  A  J  R  L
T  D  W  S  N  O  I  T  A  T  I  B  A  H  O  K  W  H  L  S
K  H  A  R  H  E  K  R  E  V  M  I  T  N  I  B  J  N  H  Q
F  K  Q  E  O  I  X  U  T  T  X  B  E  J  H  A  G  G  H  H
T  G  C  M  D  P  Q  X  I  S  L  L  C  I  F  T  U  Q  G  I
F  R  N  F  K  G  V  T  X  U  F  K  D  K  K  C  S  X  B  X
```

GESCHLECHTSVERKEHR

GESCHLECHTSAKT

BUMSEN

FICKEN

INTIMVERKEHR

KOHABITATION

Lösung

J	Z	V	G	O	A	A	J	U	O	B	A	N	V	P	S	I	I	Y	Q
D	F	N	V	V	T	R	J	N	Q	T	K	L	S	G	E	V	L	W	J
N	L	D	S	Q	V	D	H	I	T	U	M	B	E	K	M	N	A	A	P
B	M	B	P	F	P	U	I	U	Z	K	V	K	C	W	V	R	V	I	K
D	M	X	L	M	G	A	W	C	T	G	B	U	M	S	E	N	Y	S	P
G	O	B	S	W	A	D	R	I	P	F	I	J	G	P	J	V	E	W	C
L	G	O	V	L	D	L	O	Z	S	O	N	E	K	C	I	F	F	B	D
E	G	E	S	C	H	L	E	C	H	T	S	V	E	R	K	E	H	R	S
J	A	K	K	F	E	X	V	D	S	C	H	N	M	B	E	J	U	V	Y
E	M	Q	Z	W	V	Q	N	V	H	M	M	Y	P	J	F	J	G	Z	M
M	A	G	I	Z	G	O	L	L	Y	S	X	Y	E	L	C	U	I	P	M
E	E	I	E	X	D	G	E	G	L	H	P	J	F	I	E	N	I	D	F
P	V	Y	Q	F	S	C	S	W	E	K	S	P	N	J	Z	K	E	V	D
V	O	D	M	Q	H	F	S	M	B	J	R	U	C	I	S	D	L	X	C
X	S	E	T	T	J	E	N	H	T	P	U	X	O	L	M	A	J	R	L
T	D	W	S	N	O	I	T	A	T	I	B	A	H	O	K	W	H	L	S
K	H	A	R	H	E	K	R	E	V	M	I	T	N	I	B	J	N	H	Q
F	K	Q	E	O	I	X	U	T	T	X	B	E	J	H	A	G	G	H	H
T	G	C	M	D	P	Q	X	I	S	L	L	C	I	F	T	U	Q	G	I
F	R	N	F	K	G	V	T	X	U	F	K	D	K	K	C	S	X	B	X

4

```
P  T  B  Y  P  Y  V  H  B  X  S  S  D  Z  Y  H  B  P  M  H
K  X  I  K  Q  D  M  V  N  F  R  L  E  Z  S  Q  P  K  B  V
H  E  C  F  L  P  A  H  B  A  Y  G  S  G  M  G  O  M  P  M
A  X  X  X  A  J  E  K  R  V  N  N  F  L  N  I  H  U  T  G
U  R  S  N  L  D  W  S  K  S  G  M  V  G  T  U  U  X  R  V
R  I  Y  L  U  K  F  E  W  W  Z  G  A  U  N  H  U  H  H  H
B  Z  Z  R  E  F  K  Q  M  F  N  Y  S  D  L  K  C  Z  E  C
C  P  H  J  I  J  R  W  H  V  M  T  T  F  R  C  Y  G  K  M
O  Y  T  W  T  F  C  X  Z  G  O  O  U  T  V  P  N  J  R  C
G  Q  G  N  U  R  E  G  N  E  A  W  H  C  S  C  M  Q  E  I
A  X  Y  H  I  X  M  H  V  O  T  C  F  R  C  E  A  I  V  Y
C  S  B  G  A  X  B  E  F  R  U  C  H  T  U  N  G  E  L  F
R  J  Q  F  S  W  A  L  U  O  G  P  P  S  P  A  U  T  A  G
O  M  F  W  Z  M  B  W  K  V  S  E  W  N  A  H  J  C  U  O
B  L  A  L  N  U  M  M  E  R  S  C  H  I  E  B  E  N  X  D
W  M  O  J  H  G  N  R  Y  G  H  A  R  D  W  F  H  S  E  G
G  J  J  J  U  H  A  B  G  R  H  E  K  R  E  V  Y  H  S  T
V  W  M  M  V  E  Y  F  T  P  L  P  U  X  T  N  M  Z  F  X
P  W  W  C  X  I  X  S  L  L  Q  X  M  U  U  P  N  T  I  P
X  J  X  D  W  C  O  F  D  K  G  S  G  I  L  K  O  W  L  Q
```

KOITUS
SEXUALVERKEHR
BEFRUCHTUNG
SCHWAENGERUNG
NUMMERSCHIEBEN
VERKEHR

Lösung

P	T	B	Y	P	Y	V	H	B	X	S	S	D	Z	Y	H	B	P	M	H
K	X	I	K	Q	D	M	V	N	F	R	L	E	Z	S	Q	P	K	B	V
H	E	C	F	L	P	A	H	B	A	Y	G	S	G	M	G	O	M	P	M
A	X	X	X	A	J	E	K	R	V	N	N	F	L	N	I	H	U	T	G
U	R	S	N	L	D	W	S	K	S	G	M	V	G	T	U	U	X	R	V
R	I	Y	L	U	K	F	E	W	W	Z	G	A	U	N	H	U	H	H	H
B	Z	Z	R	E	F	K	Q	M	F	N	Y	S	D	L	K	C	Z	E	C
C	P	H	J	I	J	R	W	H	V	M	T	T	F	R	C	Y	G	K	M
O	Y	T	W	T	F	C	X	Z	G	O	O	U	T	V	P	N	J	R	C
G	Q	G	N	U	R	E	G	N	E	A	W	H	C	S	C	M	Q	E	I
A	X	Y	H	I	X	M	H	V	O	T	C	F	R	C	E	A	I	V	Y
C	S	B	G	A	X	B	E	F	R	U	C	H	T	U	N	G	E	L	F
R	J	Q	F	S	W	A	L	U	O	G	P	P	S	P	A	U	T	A	G
O	M	F	W	Z	M	B	W	K	V	S	E	W	N	A	H	J	C	U	O
B	L	A	L	N	U	M	M	E	R	S	C	H	I	E	B	E	N	X	D
W	M	O	J	H	G	N	R	Y	G	H	A	R	D	W	F	H	S	E	G
G	J	J	J	U	H	A	B	G	R	H	E	K	R	E	V	Y	H	S	T
V	W	M	M	V	E	Y	F	T	P	L	P	U	X	T	N	M	Z	F	X
P	W	W	C	X	I	X	S	L	L	Q	X	M	U	U	P	N	T	I	P
X	J	X	D	W	C	O	F	D	K	G	S	G	I	L	K	O	W	L	Q

```
G  S  N  C  K  D  Y  P  K  H  W  P  O  A  K  E  U  L  Y  N
O  O  S  I  V  V  X  N  H  Y  N  N  B  E  V  Q  C  H  U  S
V  B  E  G  A  T  T  U  N  G  L  H  N  E  K  E  B  Z  L  H
T  E  M  F  Z  K  G  V  T  Y  O  Q  R  U  O  T  Z  F  S  J
G  N  U  R  A  A  P  P  F  H  S  E  T  V  P  E  T  H  Y  B
H  D  W  Q  V  B  H  B  V  X  I  S  R  Z  B  H  F  T  E  U
E  O  N  Q  F  V  V  V  Z  N  A  I  H  Z  N  K  A  J  Q  W
C  M  P  N  D  R  S  Q  I  G  W  D  P  E  O  G  L  O  N  P
X  N  U  C  Q  T  P  G  Q  F  L  F  G  B  D  S  H  U  Q  A
P  H  A  M  K  J  U  Z  I  L  J  M  N  K  Y  K  C  D  P  X
R  I  M  I  Y  N  P  J  Y  M  H  X  W  G  U  G  S  J  Z  V
P  Z  R  A  G  R  M  K  V  Z  I  R  G  V  W  D  I  J  I  M
E  R  C  K  V  R  B  Z  A  P  R  P  E  S  A  Q  E  F  O  H
B  B  P  N  S  P  N  L  I  E  B  E  S  A  K  T  B  J  F  X
Z  Q  I  Q  G  R  B  E  S  Q  K  R  E  Q  G  S  V  J  P  N
D  I  M  Y  W  M  H  G  O  H  E  E  J  Q  D  C  K  L  G  O
Z  X  E  A  W  P  J  G  R  Z  D  R  J  P  E  M  K  A  B  C
Y  G  D  C  S  G  E  R  S  Z  K  T  N  N  P  F  O  L  M
F  B  S  Q  M  E  T  D  V  T  M  T  J  I  A  R  T  Z  S  B
Q  L  P  J  K  I  J  A  L  A  E  I  F  Y  J  T  B  L  W  O
```

VEREINIGUNG
PAARUNG
LIEBESAKT
BEGATTUNG
AKT
BEISCHLAF

Lösung

G	S	N	C	K	D	Y	P	K	H	W	P	O	A	K	E	U	L	Y	N
O	O	S	I	V	V	X	N	H	Y	N	N	B	E	V	Q	C	H	U	S
V	B	E	G	A	T	T	U	N	G	L	H	N	E	K	E	B	Z	L	H
T	E	M	F	Z	K	G	V	T	Y	O	Q	R	U	O	T	Z	F	S	J
G	N	U	R	A	A	P	P	F	H	S	E	T	V	P	E	T	H	Y	B
H	D	W	Q	V	B	H	B	V	X	I	S	R	Z	B	H	F	T	E	U
E	O	N	Q	F	V	V	V	Z	N	A	I	H	Z	N	K	A	J	Q	W
C	M	P	N	D	R	S	Q	I	G	W	D	P	E	O	G	L	O	N	P
X	N	U	C	Q	T	P	G	Q	F	L	F	G	B	D	S	H	U	Q	A
P	H	A	M	K	J	U	Z	I	L	J	M	N	K	Y	K	C	D	P	X
R	I	M	I	Y	N	P	J	Y	M	H	X	W	G	U	G	S	J	Z	V
P	Z	R	A	G	R	M	K	V	Z	I	R	G	V	W	D	I	J	I	M
E	R	C	K	V	R	B	Z	A	P	R	P	E	S	A	Q	E	F	O	H
B	B	P	N	S	P	N	L	I	E	B	E	S	A	K	T	B	J	F	X
Z	Q	I	Q	G	R	B	E	S	Q	K	R	E	Q	G	S	V	J	P	N
D	I	M	Y	W	M	H	G	O	H	E	E	J	Q	D	C	K	L	G	O
Z	X	E	A	W	P	J	G	R	Z	D	R	J	P	E	M	K	A	B	C
Y	G	D	C	S	G	E	R	S	Z	K	T	N	N	N	P	F	O	L	M
F	B	S	Q	M	E	T	D	V	T	M	T	J	I	A	R	T	Z	S	B
Q	L	P	J	K	I	J	A	L	A	E	I	F	Y	J	T	B	L	W	O

A	S	P	D	G	F	M	Z	E	R	Y	X	I	A	I	X	D	V	N	S
N	J	H	R	L	P	Y	A	N	J	L	G	P	D	M	N	D	C	O	L
Y	S	G	Z	V	F	Q	S	Z	E	Q	J	H	K	M	T	E	N	K	K
R	J	I	A	F	D	J	R	B	V	D	A	R	E	S	L	O	H	T	K
U	Y	S	Q	R	D	W	U	R	B	O	R	X	S	V	E	L	O	D	V
M	T	L	T	N	R	G	L	A	N	R	Z	E	T	P	D	Y	A	X	O
W	A	K	W	H	V	F	T	S	F	Y	Y	S	W	V	H	K	G	K	E
Y	F	Z	Y	R	Z	H	P	J	S	B	Y	S	C	M	G	E	O	X	G
M	O	H	N	Y	T	E	Q	K	S	I	F	F	Y	Y	I	P	H	X	E
I	L	U	U	P	N	M	Q	D	C	T	E	N	K	W	U	T	P	A	L
C	E	A	D	V	I	V	T	T	E	B	E	B	U	L	L	S	N	A	N
X	X	B	U	N	N	X	S	D	P	T	I	K	A	L	C	V	I	I	P
G	R	O	G	E	T	S	H	E	T	T	U	T	N	E	P	R	H	A	T
D	F	P	Z	P	T	P	X	A	D	E	I	E	H	T	H	A	I	J	Z
S	L	N	K	P	D	X	G	V	S	O	S	Z	J	Z	H	E	Y	C	X
N	E	P	D	O	X	E	U	L	N	M	D	R	A	T	J	W	K	A	B
D	F	O	I	P	B	Z	Y	E	I	D	R	Q	K	A	H	D	I	U	L
T	M	U	F	V	A	R	B	B	M	R	I	B	W	H	U	W	B	A	M
J	H	C	R	B	J	M	P	V	D	R	T	Y	Q	B	E	R	B	E	R
U	R	V	A	K	N	K	B	J	J	Y	Y	P	Z	P	U	H	C	T	Q

KOPULATION
INTIMWERDEN
VOEGELN
POPPEN
BEGATTEN
BIMSEN

Lösung

```
A S P D G F M Z E R Y X I A I X D V N S
N J H R L P Y A N J L G P D M N D C O L
Y S G Z V F Q S Z E Q J H K M T E N K K
R J I A F D J R B V D A R E S L O H T K
U Y S Q R D W U R B O R X S V E L O D V
M T L T N R G L A N R Z E T P D Y A X O
W A K W H V F T S F Y Y S W V H K G K E
Y F Z Y R Z H P J S B Y S C M G E O X G
M O H N Y T E Q K S I F F Y Y I P H X E
I L U U P N M Q D C T E N K W U T P A L
C E A D V I V T T E B E B U L L S N A N
X X B U N N X S D P T I K A L C V I I P
G R O G E T S H E T T U T N E P R H A T
D F P Z P T P X A D E I E H T H A I J Z
S L N K P D X G V S O S Z J Z H E Y C X
N E P D O X E U L N M D R A T J W K A B
D F O I P B Z Y E I D R Q K A H D I U L
T M U F V A R B B M R I B W H U W B A M
J H C R B J M P V D R T Y Q B E R B E R
U R V A K N K B J J Y Y P Z P U H C T Q
```

Z	Z	E	M	J	S	Q	A	S	A	E	P	E	M	U	G	B	K	G	O
V	Y	A	G	W	M	Z	N	E	B	I	E	R	T	S	E	M	Y	G	T
V	Q	W	X	L	N	E	B	A	H	R	H	E	K	R	E	V	H	L	R
E	Y	G	D	T	M	A	O	W	T	K	U	K	V	X	T	S	O	G	N
M	O	O	M	B	V	J	U	K	P	W	M	T	P	S	Z	Z	N	G	N
K	U	X	M	Q	Z	Y	Y	P	W	H	M	C	E	B	H	P	Q	E	Z
S	J	U	V	R	C	A	B	I	J	P	D	X	V	X	R	L	H	A	O
B	G	X	X	L	H	Z	H	I	L	A	M	U	W	G	V	C	C	N	C
E	W	S	C	P	Q	L	J	Y	X	A	N	F	A	P	A	R	D	T	P
I	O	G	W	Q	I	K	D	D	C	H	C	V	A	M	F	Y	E	M	N
S	W	D	T	T	A	N	K	H	I	R	K	O	E	N	X	U	N	Z	E
W	D	A	R	R	L	Z	E	T	R	B	V	B	E	N	N	N	V	J	U
B	K	Z	Y	E	N	N	Q	V	C	W	E	H	H	W	L	X	Z	C	E
K	A	K	C	D	I	L	H	A	D	I	C	S	D	Y	E	A	I	G	P
O	Z	N	Y	W	L	F	Q	X	L	S	M	Z	M	A	M	T	B	N	Q
I	M	K	C	V	C	P	T	Z	A	L	H	N	U	F	M	N	M	G	I
X	Y	R	J	L	R	F	G	N	G	G	C	K	L	Q	A	W	C	D	F
Q	U	D	Z	O	T	Q	R	O	Y	I	D	T	L	I	R	D	E	B	L
J	L	Q	V	T	N	E	L	I	W	A	R	V	C	I	G	T	I	O	Z
Q	U	K	A	E	V	J	I	H	X	Y	E	V	E	D	S	L	M	V	R

LIEBEMACHEN

VERKEHRHABEN

SEXMACHEN

ESTREIBEN

RAMMELN

VERNASCHEN

Lösung

```
Z  Z  E  M  J  S  Q  A  S  A  E  P  E  M  U  G  B  K  G  O
V  Y  A  G  W  M  Z  N  E  B  I  E  R  T  S  E  M  Y  G  T
V  Q  W  X  L  N  E  B  A  H  R  H  E  K  R  E  V  H  L  R
E  Y  G  D  T  M  A  O  W  T  K  U  K  V  X  T  S  O  G  N
M  O  O  M  B  V  J  U  K  P  W  M  T  P  S  Z  Z  N  G  N
K  U  X  M  Q  Z  Y  Y  P  W  H  M  C  E  B  H  P  Q  E  Z
S  J  U  V  R  C  A  B  I  J  P  D  X  V  X  R  L  H  A  O
B  G  X  X  L  H  Z  H  I  L  A  M  U  W  G  V  C  C  N  C
E  W  S  C  P  Q  L  J  Y  X  A  N  F  A  P  A  R  D  T  P
I  O  G  W  Q  I  K  D  D  C  H  C  V  A  M  F  Y  E  M  N
S  W  D  T  T  A  N  K  H  I  R  K  O  E  N  X  U  N  Z  E
W  D  A  R  R  L  Z  E  T  R  B  V  B  E  N  N  V  J  U  F
B  K  Z  Y  E  N  N  Q  V  C  W  E  H  H  W  L  X  Z  C  E
K  A  K  C  D  I  L  H  A  D  I  C  S  D  Y  E  A  I  G  P
O  Z  N  Y  W  L  F  Q  X  L  S  M  Z  M  A  M  T  B  N  Q
I  M  K  C  V  C  P  T  Z  A  L  H  N  U  F  M  N  M  G  I
X  Y  R  J  L  R  F  G  N  G  G  C  K  L  Q  A  W  C  D  F
Q  U  D  Z  O  T  Q  R  O  Y  I  D  T  L  I  R  D  E  B  L
J  L  Q  V  T  N  E  L  I  W  A  R  V  C  I  G  T  I  O  Z
Q  U  K  A  E  V  J  I  H  X  Y  E  V  E  D  S  L  M  V  R
```

```
Z  G  Q  H  I  W  R  F  F  O  P  J  H  D  J  Y  I  A  L  C
A  B  R  E  U  I  R  O  V  A  Y  Z  A  P  O  U  F  M  A  U
U  I  B  R  C  W  X  K  Z  I  T  X  Y  A  F  G  U  J  T  P
G  T  Q  Q  H  R  E  B  W  K  A  S  W  U  Z  R  C  R  X  F
E  U  E  N  E  G  X  J  T  J  O  F  K  A  M  H  I  K  D  G
V  S  C  H  N  A  C  K  S  E  L  N  T  J  N  W  N  C  W  P
H  G  B  E  D  G  C  Q  P  B  Y  V  I  R  L  A  U  K  Y  H
Y  R  I  E  H  R  N  J  N  R  L  Y  Z  D  L  L  M  E  B  F
E  T  V  R  O  R  X  K  E  E  C  Y  O  L  U  E  Y  R  K  F
A  A  N  B  F  S  Z  M  Z  U  A  V  E  D  E  J  E  I  L  C
Y  V  L  I  O  T  S  O  Q  A  E  N  H  B  Z  F  C  I  B  J
Z  M  N  N  Z  D  B  M  N  K  K  M  N  C  P  Q  J  R  S  G
S  F  W  V  O  V  V  Z  H  L  Z  Q  N  W  Y  N  L  A  S  M
I  F  Z  U  D  P  U  U  W  I  L  Y  O  R  B  M  S  U  H  E
K  J  D  R  R  O  E  D  Q  G  L  Y  N  J  E  F  T  U  K  F
H  B  E  S  T  E  I  G  E  N  D  Z  F  E  L  D  U  D  R  J
X  Q  Q  L  K  K  X  X  M  D  U  Z  N  N  C  D  U  L  B  R
H  K  I  R  C  Z  D  U  R  C  H  N  U  D  E  L  N  P  X  N
E  I  N  I  X  C  G  N  C  W  B  J  M  U  S  D  L  X  A  N
I  Q  Q  F  L  A  C  H  L  E  G  E  N  L  S  J  R  C  I  O
```

FLACHLEGEN
KNALLEN
SCHNACKSELN
DURCHNUDELN
PUDERN
BESTEIGEN

Lösung

```
Z  G  Q  H  I  W  R  F  F  O  P  J  H  D  J  Y  I  A  L  C
A  B  R  E  U  I  R  O  V  A  Y  Z  A  P  O  U  F  M  A  U
U  I  B  R  C  W  X  K  Z  I  T  X  Y  A  F  G  U  J  T  P
G  T  Q  Q  H  R  E  B  W  K  A  S  W  U  Z  R  C  R  X  F
E  U  E  N  E  G  X  J  T  J  O  F  K  A  M  H  I  K  D  G
V  S  C  H  N  A  C  K  S  E  L  N  T  J  N  W  N  C  W  P
H  G  B  E  D  G  C  Q  P  B  Y  V  I  R  L  A  U  K  Y  H
Y  R  I  E  H  R  N  J  N  R  L  Y  Z  D  L  L  M  E  B  F
E  T  V  R  O  R  X  K  E  E  C  Y  O  L  U  E  Y  R  K  F
A  A  N  B  F  S  Z  M  Z  U  A  V  E  D  E  J  E  I  L  C
Y  V  L  I  O  T  S  O  Q  A  E  N  H  B  Z  F  C  I  B  J
Z  M  N  N  Z  D  B  M  N  K  K  M  N  C  P  Q  J  R  S  G
S  F  W  V  O  V  V  Z  H  L  Z  Q  N  W  Y  N  L  A  S  M
I  F  Z  U  D  P  U  U  W  I  L  Y  O  R  B  M  S  U  H  E
K  J  D  R  R  O  E  D  Q  G  L  Y  N  J  E  F  T  U  K  F
H  B  E  S  T  E  I  G  E  N  D  Z  F  E  L  D  U  D  R  J
X  Q  Q  L  K  K  X  X  M  D  U  Z  N  N  C  D  U  L  B  R
H  K  I  R  C  Z  D  U  R  C  H  N  U  D  E  L  N  P  X  N
E  I  N  I  X  C  G  N  C  W  B  J  M  U  S  D  L  X  A  N
I  Q  Q  F  L  A  C  H  L  E  G  E  N  L  S  J  R  C  I  O
```

14

D	N	R	E	P	M	I	P	C	O	T	M	B	T	F	Y	O	N	T	I
I	T	Z	I	C	F	E	N	I	H	N	I	Z	E	L	C	E	K	E	S
S	B	H	C	M	Y	N	J	L	L	Z	D	Y	D	Y	G	W	U	U	W
N	Q	O	Q	B	D	H	K	E	E	G	O	B	N	M	I	A	S	L	Q
Y	J	G	Z	V	S	F	G	H	A	B	S	G	F	B	A	D	Q	Y	W
Y	X	G	V	D	I	E	Y	R	H	I	B	R	N	K	J	N	I	G	Y
Y	R	G	L	B	U	A	M	K	Q	J	V	U	D	E	I	H	S	W	F
P	T	T	W	B	L	C	E	H	M	I	M	A	R	T	J	M	B	J	M
Q	E	E	I	E	R	W	W	Y	P	V	B	H	G	H	G	P	L	U	U
D	C	W	G	R	T	C	D	S	W	G	W	F	L	J	C	U	D	I	C
A	N	B	V	Q	W	U	P	Y	D	E	Y	I	A	N	H	S	W	K	K
S	L	V	Q	O	L	L	W	A	P	C	D	E	N	P	A	Z	S	Q	L
N	J	U	T	Z	H	M	J	F	F	B	O	I	D	O	K	G	S	F	A
Y	I	P	E	S	E	G	Z	C	B	X	S	S	A	X	N	U	E	O	Y
E	Z	N	E	H	C	O	L	N	I	E	Y	L	N	N	P	O	Y	L	L
K	D	W	Y	X	H	O	I	O	F	E	V	W	S	X	C	T	T	L	N
R	U	J	W	B	X	H	J	S	D	R	C	W	M	S	L	Z	O	E	F
N	Q	D	H	M	V	I	W	W	Q	H	Q	N	R	E	M	M	E	A	H
Q	N	U	X	S	B	A	D	W	Z	N	K	W	K	E	F	B	M	Q	Q
Q	I	J	W	E	Z	I	K	G	A	X	V	V	X	I	B	V	J	E	X

EINLOCHEN

BUEGELN

NAGELN

PIMPERN

HAEMMERN

SCHRUBBELN

Lösung

```
D  N  R  E  P  M  I  P  C  O  T  M  B  T  F  Y  O  N  T  I
I  T  Z  I  C  F  E  N  I  H  N  I  Z  E  L  C  E  K  E  S
S  B  H  C  M  Y  N  J  L  L  Z  D  Y  D  Y  G  W  U  U  W
N  Q  O  Q  B  D  H  K  E  E  G  O  B  N  M  I  A  S  L  Q
Y  J  G  Z  V  S  F  G  H  A  B  S  G  F  B  A  D  Q  Y  W
Y  X  G  V  D  I  E  Y  R  H  I  B  R  N  K  J  N  I  G  Y
Y  R  G  L  B  U  A  M  K  Q  J  V  U  D  E  I  H  S  W  F
P  T  T  W  B  L  C  E  H  M  I  M  A  R  T  J  M  B  J  M
Q  E  E  I  E  R  W  W  Y  P  V  B  H  G  H  G  P  L  U  U
D  C  W  G  R  T  C  D  S  W  G  W  F  L  J  C  U  D  I  C
A  N  B  V  Q  W  U  P  Y  D  E  Y  I  A  N  H  S  W  K  K
S  L  V  Q  O  L  L  W  A  P  C  D  E  N  P  A  Z  S  Q  L
N  J  U  T  Z  H  M  J  F  F  B  O  I  D  O  K  G  S  F  A
Y  I  P  E  S  E  G  Z  C  B  X  S  S  A  X  N  U  E  O  Y
E  Z  N  E  H  C  O  L  N  I  E  Y  L  N  N  P  O  Y  L  L
K  D  W  Y  X  H  O  I  O  F  E  V  W  S  X  C  T  T  L  N
R  U  J  W  B  X  H  J  S  D  R  C  W  M  S  L  Z  O  E  F
N  Q  D  H  M  V  I  W  W  Q  H  Q  N  R  E  M  M  E  A  H
Q  N  U  X  S  B  A  D  W  Z  N  K  W  K  E  F  B  M  Q  Q
Q  I  J  W  E  Z  I  K  G  A  X  V  V  X  I  B  V  J  E  X
```

```
Y  L  S  O  W  X  N  H  U  P  Y  F  M  P  Z  V  G  D  Y  D
S  W  B  Q  I  Z  V  H  T  U  N  H  V  A  N  B  J  P  J  W
U  C  A  U  F  S  A  T  T  E  L  N  T  F  H  K  Y  K  S  H
U  V  K  D  U  G  R  H  W  I  M  E  G  Y  T  B  A  T  X  B
P  T  M  X  W  W  R  R  Q  F  L  X  F  Q  H  C  O  C  W  V
P  I  Y  O  W  A  R  U  T  I  N  W  M  H  P  E  M  G  T  K
B  Q  V  X  W  O  K  V  H  J  D  H  Z  N  P  X  A  N  U  L
B  E  G  L  U  E  C  K  U  N  G  T  P  S  Q  R  D  Z  B  A
B  G  C  I  K  J  A  N  X  F  M  K  E  P  F  Z  Z  N  Q  C
Z  P  V  W  W  D  D  S  H  R  H  L  L  R  X  G  J  Y  H  H
R  B  O  D  Q  M  W  S  O  S  N  S  D  X  C  A  I  Z  B  S
L  F  F  U  I  S  X  X  Z  T  W  O  A  N  D  A  A  O  O  B
O  X  A  E  G  T  X  T  D  D  Y  G  N  V  S  V  Q  G  U  U
K  W  N  E  B  E  I  H  C  S  N  A  F  I  K  S  U  V  D  T
N  X  M  F  E  V  J  P  J  W  N  K  A  O  X  N  H  Q  Z  T
Y  O  F  K  W  E  D  P  J  G  Z  X  X  S  J  L  C  L  P  E
Z  L  P  I  W  P  P  S  H  M  R  O  D  F  O  C  R  Y  T  R
T  S  K  S  O  G  R  R  O  H  R  V  E  R  L  E  G  E  N  N
H  X  N  G  S  L  Y  H  B  I  O  H  R  O  X  T  F  T  L  L
Q  F  Z  H  T  V  I  P  U  D  S  E  S  W  K  V  I  L  S  K
```

ROHRVERLEGEN
LACHSBUTTERN
ANSCHIEBEN
STOEPSELN
BEGLUECKUNG
AUFSATTELN

Lösung

Y	L	S	O	W	X	N	H	U	P	Y	F	M	P	Z	V	G	D	Y	D
S	W	B	Q	I	Z	V	H	T	U	N	H	V	A	N	B	J	P	J	W
U	C	A	U	F	S	A	T	T	E	L	N	T	F	H	K	Y	K	S	H
U	V	K	D	U	G	R	H	W	I	M	E	G	Y	T	B	A	T	X	B
P	T	M	X	W	W	R	R	Q	F	L	X	F	Q	H	C	O	C	W	V
P	I	Y	O	W	A	R	U	T	I	N	W	M	H	P	E	M	G	T	K
B	Q	V	X	W	O	K	V	H	J	D	H	Z	N	P	X	A	N	U	L
B	E	G	L	U	E	C	K	U	N	G	T	P	S	Q	R	D	Z	B	A
B	G	C	I	K	J	A	N	X	F	M	K	E	P	F	Z	Z	N	Q	C
Z	P	V	W	W	D	D	S	H	R	H	L	L	R	X	G	J	Y	H	H
R	B	O	D	Q	M	W	S	O	S	N	S	D	X	C	A	I	Z	B	S
L	F	F	U	I	S	X	X	Z	T	W	O	A	N	D	A	A	O	O	B
O	X	A	E	G	T	X	T	D	D	Y	G	N	V	S	V	Q	G	U	U
K	W	N	E	B	E	I	H	C	S	N	A	F	I	K	S	U	V	D	T
N	X	M	F	E	V	J	P	J	W	N	K	A	O	X	N	H	Q	Z	T
Y	O	F	K	W	E	D	P	J	G	Z	X	X	S	J	L	C	L	P	E
Z	L	P	I	W	P	P	S	H	M	R	O	D	F	O	C	R	Y	T	R
T	S	K	S	O	G	R	R	O	H	R	V	E	R	L	E	G	E	N	N
H	X	N	G	S	L	Y	H	B	I	O	H	R	O	X	T	F	T	L	L
Q	F	Z	H	T	V	I	P	U	D	S	E	S	W	K	V	I	L	S	K

```
X  W  T  F  Z  A  U  F  B  O  C  K  E  N  Z  Z  A  T  C  E
E  W  G  M  E  K  N  Y  C  J  D  U  A  C  K  B  W  T  W  K
H  H  F  X  P  I  I  I  H  O  W  P  Q  E  L  N  N  H  M  K
Y  C  R  B  D  X  Y  K  U  H  V  T  U  Y  J  U  F  X  R  X
Y  F  X  X  F  Y  T  U  X  H  G  R  H  Z  N  G  Y  Q  R  A
J  V  C  N  L  E  I  B  E  S  U  E  B  U  N  G  E  N  O  F
N  V  G  K  I  B  P  L  O  F  E  F  H  M  O  C  R  D  I  Z
U  Q  E  E  S  V  V  Q  Y  J  W  S  C  B  Q  Z  P  K  G  D
O  D  Z  A  F  V  S  D  E  Y  O  N  F  R  L  C  C  P  P  A
H  E  N  A  W  U  S  Z  O  S  J  J  G  X  H  A  I  S  J  Z
D  Z  R  T  O  U  P  V  N  D  N  P  Y  K  N  S  J  V  K  S
U  N  E  K  N  E  S  R  E  V  N  H  I  K  H  J  G  A  Z  E
D  X  T  I  X  X  J  V  K  G  R  U  K  W  P  I  C  E  Y  A
J  N  S  C  T  U  R  A  L  T  U  C  Q  P  B  H  H  U  J  W
Q  B  R  Z  D  S  C  K  E  I  I  U  J  G  E  P  Z  Z  L  Y
F  T  E  I  B  H  K  H  Z  N  H  B  H  L  P  K  R  U  R  L
T  B  O  C  T  R  W  K  K  A  Q  P  N  B  F  V  S  S  W  P
O  K  F  E  Y  F  Z  G  U  O  J  A  Z  X  X  L  U  N  U
W  S  Z  A  E  W  E  D  S  T  Y  U  J  W  D  R  I  Y  U  L
U  R  G  Y  N  K  N  M  X  K  C  E  R  V  L  D  H  Q  Z  T
```

AUFBOCKEN
FOERSTERN
IHNVERSENKEN
KACHELN
KNICKKNACK
LEIBESUEBUNGEN

Lösung

X	W	T	F	Z	A	U	F	B	O	C	K	E	N	Z	Z	A	T	C	E
E	W	G	M	E	K	N	Y	C	J	D	U	A	C	K	B	W	T	W	K
H	H	F	X	P	I	I	I	H	O	W	P	Q	E	L	N	N	H	M	K
Y	C	R	B	D	X	Y	K	U	H	V	T	U	Y	J	U	F	X	R	X
Y	F	X	X	F	Y	T	U	X	H	G	R	H	Z	N	G	Y	Q	R	A
J	V	C	N	L	E	I	B	E	S	U	E	B	U	N	G	E	N	O	F
N	V	G	K	I	B	P	L	O	F	E	F	H	M	O	C	R	D	I	Z
U	Q	E	E	S	V	V	Q	Y	J	W	S	C	B	Q	Z	P	K	G	D
O	D	Z	A	F	V	S	D	E	Y	O	N	F	R	L	C	C	P	P	A
H	E	N	A	W	U	S	Z	O	S	J	J	G	X	H	A	I	S	J	Z
D	Z	R	T	O	U	P	V	N	D	N	P	Y	K	N	S	J	V	K	S
U	N	E	K	N	E	S	R	E	V	N	H	I	K	H	J	G	A	Z	E
D	X	T	I	X	X	J	V	K	G	R	U	K	W	P	I	C	E	Y	A
J	N	S	C	T	U	R	A	L	T	U	C	Q	P	B	H	H	U	J	W
Q	B	R	Z	D	S	C	K	E	I	I	U	J	G	E	P	Z	Z	L	Y
F	T	E	I	B	H	K	H	Z	N	H	B	H	L	P	K	R	U	R	L
T	B	O	C	T	R	W	K	A	Q	P	N	B	F	V	S	S	W	P	
O	K	F	E	Y	F	Z	G	U	O	J	A	Z	X	X	X	L	U	N	U
W	S	Z	A	E	W	E	D	S	T	Y	U	J	W	D	R	I	Y	U	L
U	R	G	Y	N	K	N	M	X	K	C	E	R	V	L	D	H	Q	Z	T

P	R	B	Y	I	E	C	Q	D	L	S	L	Y	G	O	U	J	R	V	X
M	E	P	H	N	Q	B	W	N	O	A	H	H	J	G	R	J	E	G	L
N	B	O	H	N	E	R	N	T	G	A	Y	G	C	B	S	A	V	O	U
A	I	C	Y	X	M	U	E	Y	S	X	X	A	P	J	B	V	I	I	X
H	Z	R	K	W	B	S	C	Y	K	N	L	E	D	E	O	N	K	J	N
B	P	F	C	X	G	O	P	T	S	J	Q	K	R	G	W	Q	N	E	K
A	S	T	Z	F	X	O	Q	M	O	S	B	W	N	M	V	T	P	O	A
	L	E	I	P	S	S	U	A	R	N	I	E	R	L	C	U	A	Q	S
F	Z	K	H	T	X	I	K	H	V	H	K	J	Z	A	E	S	R	L	C
T	T	T	R	P	P	C	L	G	Y	U	M	F	V	R	H	G	E	N	H
Y	N	K	A	K	F	M	U	W	O	M	R	I	Z	H	Q	E	R	O	E
U	K	B	Q	D	F	Z	K	G	J	C	M	Y	Y	V	L	Q	C	O	P
H	C	N	I	O	N	W	K	Y	J	L	R	W	X	U	G	E	T	X	P
F	O	P	U	T	K	G	G	E	N	E	L	Y	X	K	Y	Y	S	A	E
B	D	U	Y	O	J	S	Z	N	E	H	C	A	M	E	B	E	I	L	R
C	M	P	F	D	R	R	W	Y	O	T	P	P	A	N	J	X	K	P	N
W	R	F	B	Q	P	L	F	A	V	T	R	Y	C	S	Q	H	Y	N	G
S	R	I	Y	W	W	R	F	C	R	X	U	Q	W	Q	I	W	C	O	C
A	I	Z	R	N	K	J	T	D	V	V	O	S	M	B	R	H	D	G	X
M	I	M	U	A	M	E	O	J	B	I	E	K	Y	G	D	G	F	B	C

ORGELN
KNOEDELN
BOHNERN
SCHEPPERN
REINRAUSSPIEL
LIEBEMACHEN

Lösung

P	R	B	Y	I	E	C	Q	D	L	S	L	Y	G	O	U	J	R	V	X
M	E	P	H	N	Q	B	W	N	O	A	H	H	J	G	R	J	E	G	L
N	B	O	H	N	E	R	N	T	G	A	Y	G	C	B	S	A	V	O	U
A	I	C	Y	X	M	U	E	Y	S	X	X	A	P	J	B	V	I	I	X
H	Z	R	K	W	B	S	C	Y	K	N	L	E	D	E	O	N	K	J	N
B	P	F	C	X	G	O	P	T	S	J	Q	K	R	G	W	Q	N	E	K
A	S	T	Z	F	X	O	Q	M	O	S	B	W	N	M	V	T	P	O	A
L	E	I	P	S	S	U	A	R	N	I	E	R	L	C	U	A	Q	S
F	Z	K	H	T	X	I	K	H	V	H	K	J	Z	A	E	S	R	L	C
T	T	T	R	P	P	C	L	G	Y	U	M	F	V	R	H	G	E	N	H
Y	N	K	A	K	F	M	U	W	O	M	R	I	Z	H	Q	E	R	O	E
U	K	B	Q	D	F	Z	K	G	J	C	M	Y	Y	V	L	Q	C	O	P
H	C	N	I	O	N	W	K	Y	J	L	R	W	X	U	G	E	T	X	P
F	O	P	U	T	K	G	G	E	N	E	L	Y	X	K	Y	Y	S	A	E
B	D	U	Y	O	J	S	Z	N	E	H	C	A	M	E	B	E	I	L	R
C	M	P	F	D	R	R	W	Y	O	T	P	P	A	N	J	X	K	P	N
W	R	F	B	Q	P	L	F	A	V	T	R	Y	C	S	Q	H	Y	N	G
S	R	I	Y	W	W	R	F	C	R	X	U	Q	W	Q	I	W	C	O	C
A	I	Z	R	N	K	J	T	D	V	V	O	S	M	B	R	H	D	G	X
M	I	M	U	A	M	E	O	J	B	I	E	K	Y	G	D	G	F	B	C

```
J  R  V  H  N  P  S  Y  W  W  B  D  C  Q  X  Z  O  X  D  E
K  N  I  S  T  E  R  N  Q  S  V  V  I  H  S  S  H  P  S  C
D  D  X  R  J  D  P  K  R  O  Q  I  B  U  M  S  L  F  O  I
E  Z  J  B  G  Q  G  Q  O  X  R  Y  B  A  U  E  D  N  D  O
R  E  K  N  M  S  C  L  Z  D  B  Z  Q  O  T  V  S  V  A  J
Z  P  S  A  R  K  Z  N  Q  U  P  C  T  A  F  P  L  O  X  E
Q  Q  J  W  J  J  W  Y  E  V  Z  F  H  B  H  C  S  J  P  B
Y  I  D  T  V  G  V  R  C  T  Q  Q  G  G  H  L  N  A  C  J
N  V  T  U  W  V  S  Y  J  G  C  D  P  H  H  Z  W  T  B  S
K  E  T  F  P  T  D  A  E  Z  C  O  U  G  Y  V  A  O  K  H
M  U  T  L  E  L  D  F  A  J  C  L  S  B  X  B  D  U  N  R
O  J  R  N  K  V  R  D  X  M  L  E  L  D  X  G  Z  Z  X  N
F  T  L  Y  L  N  W  J  Y  C  R  Y  O  R  N  R  W  P  S  R
Q  R  U  N  C  R  S  Q  U  E  R  D  O  B  U  I  P  C  K  E
J  C  K  Y  U  E  I  R  K  H  L  N  C  M  G  L  T  W  Q  T
L  K  P  Z  T  N  P  A  E  D  D  V  P  G  Y  R  Q  V  B  T
H  B  J  R  D  N  T  C  F  D  K  E  P  K  G  M  H  K  A  A
R  C  S  S  N  O  A  Z  V  Q  L  A  I  R  W  O  J  N  Z  N
D  S  Z  B  L  D  B  Q  B  N  S  B  N  L  E  S  N  I  P  K
E  O  I  Q  E  P  Y  R  D  X  A  A  D  Y  D  D  L  G  Y  C
```

DONNERN
RUMPELN
PINSELN
KNATTERN
KNISTERN
BUERSTEN

Lösung

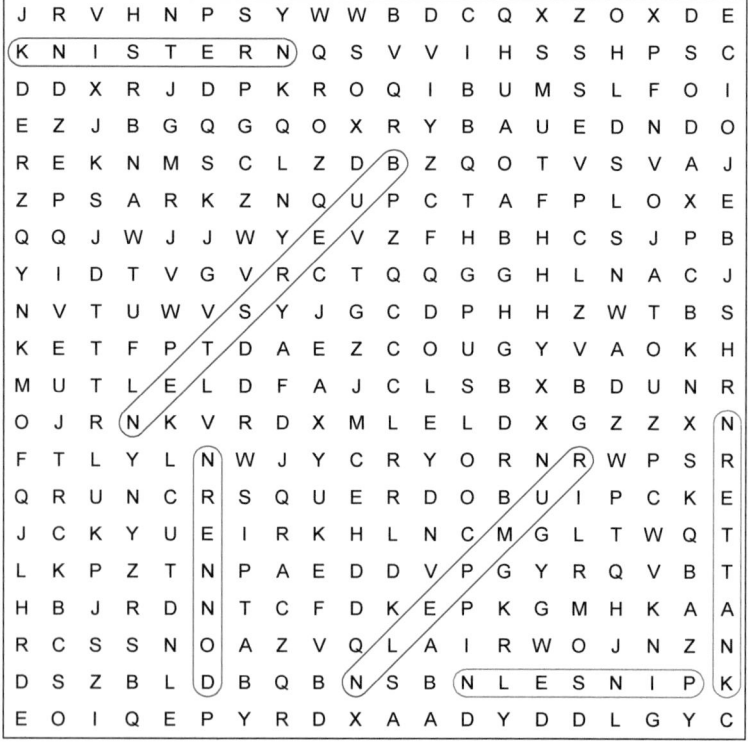

```
V A T K A S X Y M J J W W Q D L F U M W
T Y D A V P C M W Z D E B N L E D U N W
E K L M R B M M O H N F D P T A K Q Z R
D X Q D O S J B A Q F M C W N M X O S E
D X L Z A P S L Q B F Y R O S E Y M Q A
C W O E E J E H Q C J Z R L D N B V U H
S K E R R Q N D S A Q M J H I F Z W B A
E C L N B F C I B R R Z I F F Z X W W W
R N D Y L P K S V B L X C L A A Z C D A
Z G I C K E B V C R N Z F Q Q U J O G S
A A P B X Y B N U L E C I G F P D G H C
K C Q W E G E O O P P D S W H C Y N F L
B H C P Y S T F H E P M N A C X E O K W
W F X L U C J K D Q U Y I U U B Y W C I
X S V A S A I B P E F I A W U Y B Z E D
U B M L K N W V S X K L Q A Z R Q Y L W
R V I C T I G F S M A N R R E C W I K W
R V B O K G Q E N D Q H D I K M U B Y U
T Y D M X E I T D B C N R E T T A N K V
J R E N R B L B V S V V L W X C U T H R
```

KNATTERN
FUPPEN
NUDELN
MAUSEN
HOBELN
SCHRAUBEN

Lösung

V	A	T	K	A	S	X	Y	M	J	J	W	W	Q	D	L	F	U	M	W
T	Y	D	A	V	P	C	M	W	Z	D	E	B	N	L	E	D	U	N	W
E	K	L	M	R	B	M	M	O	H	N	F	D	P	T	A	K	Q	Z	R
D	X	Q	D	O	S	J	B	A	Q	F	M	C	W	N	M	X	O	S	E
D	X	L	Z	A	P	S	L	Q	B	F	Y	R	O	S	E	Y	M	Q	A
C	W	O	E	E	J	E	H	Q	C	J	Z	R	L	D	N	B	V	U	H
S	K	E	R	R	Q	N	D	S	A	Q	M	J	H	I	F	Z	W	B	A
E	C	L	N	B	F	C	I	B	R	R	Z	I	F	F	Z	X	W	W	W
R	N	D	Y	L	P	K	S	V	B	L	X	C	L	A	A	Z	C	D	A
Z	G	I	C	K	E	B	V	C	R	N	Z	F	Q	Q	U	J	O	G	S
A	A	P	B	X	Y	B	N	U	L	E	C	I	G	F	P	D	G	H	C
K	C	Q	W	E	G	E	O	O	P	P	D	S	W	H	C	Y	N	F	L
B	H	C	P	Y	S	T	F	H	E	P	M	N	A	C	X	E	O	K	W
W	F	X	L	U	C	J	K	D	Q	U	Y	I	U	U	B	Y	W	C	I
X	S	V	A	S	A	I	B	P	E	F	I	A	W	U	Y	B	Z	E	D
U	B	M	L	K	N	W	V	S	X	K	L	Q	A	Z	R	Q	Y	L	W
R	V	I	C	T	I	G	F	S	M	A	N	R	R	E	C	W	I	K	W
R	V	B	O	K	G	Q	E	N	D	Q	H	D	I	K	M	U	B	Y	U
T	Y	D	M	X	E	I	T	D	B	C	N	R	E	T	T	A	N	K	V
J	R	E	N	R	B	L	B	V	S	V	V	L	W	X	C	U	T	H	R

26

```
S  A  X  R  D  W  Z  H  Q  Y  J  F  C  V  O  A  I  T  R  G
Q  R  N  S  T  J  G  H  Z  N  E  R  E  I  T  I  O  K  E  C
S  C  S  J  O  M  X  C  J  Z  D  F  N  J  N  B  N  I  Q  R
V  D  Y  M  P  W  A  U  S  R  Q  F  P  H  K  R  G  F  Z  F
L  A  Y  Q  X  V  P  R  J  T  F  B  Z  T  N  E  T  S  P  P
X  H  C  A  V  N  L  E  P  M  E  T  S  V  N  Y  P  G  A  T
N  O  J  A  G  O  C  H  L  I  A  R  E  B  N  X  G  K  E  I
Z  X  O  G  L  P  Y  R  N  K  G  A  F  X  I  I  X  Z  B  R
Q  N  Y  L  A  G  Z  Z  S  N  F  T  G  N  I  R  N  P  D  V
Q  H  X  Z  A  Q  I  M  I  M  D  T  G  C  L  L  Y  H  B  X
L  F  S  G  Z  P  K  F  M  U  O  E  A  G  O  M  Q  H  I  I
S  W  Z  S  F  L  K  A  S  R  N  R  Z  X  S  P  F  A  M  L
A  M  Y  E  F  S  T  O  S  S  E  N  P  G  O  C  F  F  E  R
P  U  L  J  O  L  Z  C  W  F  U  Y  N  O  N  C  K  U  H  B
R  N  X  K  I  H  U  V  N  Q  M  X  W  N  L  E  V  B  V  I
W  X  X  A  L  B  G  A  D  E  Q  K  J  H  N  E  G  O  C  M
H  O  G  W  C  A  H  P  N  G  N  G  C  L  Z  B  C  J  E  V
Y  G  Y  N  E  G  V  T  E  V  I  Y  T  Q  Z  Q  Q  Z  C  H
J  N  C  W  U  J  O  K  W  U  C  N  B  O  Z  M  I  H  C  L
T  Q  L  I  T  Q  X  G  Z  B  T  J  Z  G  U  F  X  F  X  W
```

GEIGEN
STEMPELN
STOSSEN
KOITIEREN
EINZIPFELN
RATTERN

27

Lösung

```
S  A  X  R  D  W  Z  H  Q  Y  J  F  C  V  O  A  I  T  R  G
Q  R  N  S  T  J  G  H  Z  N  E  R  E  I  T  I  O  K  E  C
S  C  S  J  O  M  X  C  J  Z  D  F  N  J  N  B  N  I  Q  R
V  D  Y  M  P  W  A  U  S  R  Q  F  P  H  K  R  G  F  Z  F
L  A  Y  Q  X  V  P  R  J  T  F  B  Z  T  N  E  T  S  P  P
X  H  C  A  V  N  L  E  P  M  E  T  S  V  N  Y  P  G  A  T
N  O  J  A  G  O  C  H  L  I  A  R  E  B  N  X  G  K  E  I
Z  X  O  G  L  P  Y  R  N  K  G  A  F  X  I  I  X  Z  B  R
Q  N  Y  L  A  G  Z  Z  S  N  F  T  G  N  I  R  N  P  D  V
Q  H  X  Z  A  Q  I  M  I  M  D  T  G  C  L  L  Y  H  B  X
L  F  S  G  Z  P  K  F  M  U  O  E  A  G  O  M  Q  H  I  I
S  W  Z  S  F  L  K  A  S  R  N  R  Z  X  S  P  F  A  M  L
A  M  Y  E  F  S  T  O  S  S  E  N  P  G  O  C  F  F  E  R
P  U  L  J  O  L  Z  C  W  F  U  Y  N  O  N  C  K  U  H  B
R  N  X  K  I  H  U  V  N  Q  M  X  W  N  L  E  V  B  V  I
W  X  X  A  L  B  G  A  D  E  Q  K  J  H  N  E  G  O  C  M
H  O  G  W  C  A  H  P  N  G  N  G  C  L  Z  B  C  J  E  V
Y  G  Y  N  E  G  V  T  E  V  I  Y  T  Q  Z  Q  Q  Z  C  H
J  N  C  W  U  J  O  K  W  U  C  N  B  O  Z  M  I  H  C  L
T  Q  L  I  T  Q  X  G  Z  B  T  J  Z  G  U  F  X  F  X  W
```

```
N  C  E  Q  U  Z  C  Z  W  Z  O  C  U  I  D  Q  U  Z  S  I
E  D  J  H  J  N  N  X  Q  Q  F  C  T  A  L  B  P  Q  W  N
K  H  O  R  B  N  V  E  I  X  R  K  B  W  P  X  S  R  I  H
C  Z  H  D  A  Y  G  Z  X  G  U  O  G  U  V  O  V  Q  A  Z
E  T  W  X  P  I  O  O  O  N  E  P  V  K  G  N  P  K  Y  L
T  H  R  E  S  B  E  S  O  R  G  E  N  O  U  G  O  J  Q  U
S  F  L  C  C  K  I  Y  S  K  R  F  Y  H  Z  T  O  Z  H  N
G  G  O  A  L  H  I  T  U  P  U  H  R  A  L  M  L  X  Y  W
E  Z  C  R  E  K  Y  U  A  R  Y  E  F  B  L  V  T  S  G  R
W  I  Q  J  E  R  D  V  M  K  U  V  V  I  O  B  A  E  N  B
N  N  C  T  I  D  H  A  F  J  R  R  C  T  V  M  V  C  Q  Q
E  Z  O  C  W  X  P  I  S  U  T  O  W  I  E  X  V  B  L  V
N  N  E  R  E  I  L  U  P  O  K  P  I  E  H  G  F  R  J  X
I  X  U  O  W  Y  N  U  G  C  L  W  B  R  E  E  B  X  Z  N
E  L  B  G  N  W  E  R  T  M  S  K  Y  E  B  H  X  Y  Y  K
M  F  H  L  J  I  A  P  U  Y  N  B  V  N  E  B  U  H  J  V
G  N  U  S  I  C  H  L  I  E  B  E  N  V  X  Z  X  T  F  H
F  K  W  B  C  F  U  I  O  N  N  R  M  D  P  U  F  H  E  T
D  X  I  Z  H  S  M  C  H  C  Y  B  W  E  C  A  N  O  Y  T
C  B  L  I  W  R  M  B  O  V  I  M  X  I  O  F  G  I  J  X
```

ESBESORGEN

KOPULIEREN

EINENWEGSTECKEN

EHEVOLLZUG

KOHABITIEREN

SICHLIEBEN

Lösung

N	C	E	Q	U	Z	C	Z	W	Z	O	C	U	I	D	Q	U	Z	S	I
E	D	J	H	J	N	N	X	Q	Q	F	C	T	A	L	B	P	Q	W	N
K	H	O	R	B	N	V	E	I	X	R	K	B	W	P	X	S	R	I	H
C	Z	H	D	A	Y	G	Z	X	G	U	O	G	U	V	O	V	Q	A	Z
E	T	W	X	P	I	O	O	O	N	E	P	V	K	G	N	P	K	Y	L
T	H	R	E	S	B	E	S	O	R	G	E	N	O	U	G	O	J	Q	U
S	F	L	C	C	K	I	Y	S	K	R	F	Y	H	Z	T	O	Z	H	N
G	G	O	A	L	H	I	T	U	P	U	H	R	A	L	M	L	X	Y	W
E	Z	C	R	E	K	Y	U	A	R	Y	E	F	B	L	V	T	S	G	R
W	I	Q	J	E	R	D	V	M	K	U	V	V	I	O	B	A	E	N	B
N	N	C	T	I	D	H	A	F	J	R	R	C	T	V	M	V	C	Q	Q
E	Z	O	C	W	X	P	I	S	U	T	O	W	I	E	X	V	B	L	V
N	N	E	R	E	I	L	U	P	O	K	P	I	E	H	G	F	R	J	X
I	X	U	O	W	Y	N	U	G	C	L	W	B	R	E	E	B	X	Z	N
E	L	B	G	N	W	E	R	T	M	S	K	Y	E	B	H	X	Y	Y	K
M	F	H	L	J	I	A	P	U	Y	N	B	V	N	E	B	U	H	J	V
G	N	U	S	I	C	H	L	I	E	B	E	N	V	X	Z	X	T	F	H
F	K	W	B	C	F	U	I	O	N	N	R	M	D	P	U	F	H	E	T
D	X	I	Z	H	S	M	C	H	C	Y	B	W	E	C	A	N	O	Y	T
C	B	L	I	W	R	M	B	O	V	I	M	X	I	O	F	G	I	J	X

```
W  C  N  K  D  G  Q  Y  T  C  X  C  E  O  G  W  D  R  M  O
C  B  K  U  D  N  Y  R  T  T  R  Y  I  Z  O  X  N  C  F  N
R  K  V  S  L  H  E  D  F  U  W  E  N  C  F  N  O  P  R  V
Z  M  V  X  A  C  G  E  D  U  I  O  T  P  D  M  C  B  F  J
W  C  A  M  D  O  K  R  Y  A  T  C  U  P  S  D  B  F  S  C
O  C  I  R  L  I  M  T  M  Z  F  H  N  R  D  G  N  Z  U  D
H  Y  P  B  E  H  M  R  N  U  A  G  K  M  Z  P  E  L  U  R
F  C  H  A  Z  D  V  G  D  X  X  X  E  K  E  J  F  R  V  U
I  Y  G  Y  C  G  X  D  C  W  F  Q  N  X  U  R  P  X  K  E
J  V  A  Z  M  M  I  P  G  P  Z  K  Z  I  F  G  O  P  V  B
I  W  I  N  K  I  S  T  E  H  U  E  P  F  E  N  T  J  M  E
Y  Y  Z  Q  R  K  R  U  A  C  Z  X  M  U  U  L  S  V  C  R
R  U  Z  I  R  Q  F  P  Y  G  T  S  S  V  C  B  H  V  X  K
K  C  E  N  K  H  V  M  I  N  F  W  S  V  H  A  C  X  I  R
T  P  Y  Z  K  H  N  R  C  Y  W  B  V  X  D  H  O  L  S  I
U  X  N  H  P  T  E  N  E  N  H  O  W  I  E  B  L  O  M  E
S  J  A  D  E  Q  Y  O  C  O  Z  Q  M  J  O  F  B  P  H  C
L  E  T  H  C  E  A  M  L  E  T  H  C  E  T  X  O  J  Q  H
C  C  W  R  G  W  N  D  I  C  Z  R  A  G  Z  U  R  X  V  E
P  T  S  H  C  R  U  D  Y  S  R  K  C  W  M  E  A  Z  H  N
```

EINTUNKEN

TECHTELMAECHTEL

INKISTEHUEPFEN

BEIWOHNEN

LOCHSTOPFEN

DRUEBERKRIECHEN

Lösung

W	C	N	K	D	G	Q	Y	T	C	X	C	E	O	G	W	D	R	M	O
C	B	K	U	D	N	Y	R	T	T	R	Y	I	Z	O	X	N	C	F	N
R	K	V	S	L	H	E	D	F	U	W	E	N	C	F	N	O	P	R	V
Z	M	V	X	A	C	G	E	D	U	I	O	T	P	D	M	C	B	F	J
W	C	A	M	D	O	K	R	Y	A	T	C	U	P	S	D	B	F	S	C
O	C	I	R	L	I	M	T	M	Z	F	H	N	R	D	G	N	Z	U	D
H	Y	P	B	E	H	M	R	N	U	A	G	K	M	Z	P	E	L	U	R
F	C	H	A	Z	D	V	G	D	X	X	X	E	K	E	J	F	R	V	U
I	Y	G	Y	C	G	X	D	C	W	F	Q	N	X	U	R	P	X	K	E
J	V	A	Z	M	M	I	P	G	P	Z	K	Z	I	F	G	O	P	V	B
I	W	I	N	K	I	S	T	E	H	U	E	P	F	E	N	T	J	M	E
Y	Y	Z	Q	R	K	R	U	A	C	Z	X	M	U	U	L	S	V	C	R
R	U	Z	I	R	Q	F	P	Y	G	T	S	S	V	C	B	H	V	X	K
K	C	E	N	K	H	V	M	I	N	F	W	S	V	H	A	C	X	I	R
T	P	Y	Z	K	H	N	R	C	Y	W	B	V	X	D	H	O	L	S	I
U	X	N	H	P	T	E	N	E	N	H	O	W	I	E	B	L	O	M	E
S	J	A	D	E	Q	Y	O	C	O	Z	Q	M	J	O	F	B	P	H	C
L	E	T	H	C	E	A	M	L	E	T	H	C	E	T	X	O	J	Q	H
C	C	W	R	G	W	N	D	I	C	Z	R	A	G	Z	U	R	X	V	E
P	T	S	H	C	R	U	D	Y	S	R	K	C	W	M	E	A	Z	H	N

```
C  A  Q  N  E  B  E  G  R  H  I  S  E  R  M  H  Q  E  J  H
N  P  M  Q  N  M  D  I  N  X  B  N  R  S  J  N  V  M  O  L
E  B  G  T  F  W  O  N  D  M  B  P  S  I  S  B  V  M  T  Q
M  V  G  E  U  H  I  C  N  S  Y  H  X  O  C  H  R  G  X  H
T  Y  B  M  U  Y  Y  I  I  Q  A  O  Y  D  E  C  K  E  N  U
D  I  T  D  W  I  V  C  S  U  V  D  S  Y  M  N  A  V  N  L
Y  H  F  H  Z  J  H  Z  Z  R  H  V  G  V  B  P  N  H  C  D
H  Z  R  Y  K  P  N  Z  G  M  B  S  C  X  T  X  P  U  C  N
R  R  E  O  A  T  C  Z  W  M  R  Y  E  T  T  Q  S  W  B  W
C  K  D  A  G  B  X  U  E  I  N  D  R  I  N  G  E  N  X  D
J  K  R  H  I  Z  D  E  F  E  E  R  N  L  G  I  Z  Y  U  T
F  E  R  Q  T  Z  A  C  L  E  Z  G  S  E  X  Y  W  Z  V  G
N  L  N  A  D  X  A  B  E  G  L  U  E  C  K  E  N  X  Q  M
C  B  Y  X  R  T  E  E  E  J  A  A  R  V  G  A  P  Q  X  H
U  T  W  L  Q  S  I  P  K  P  A  E  Z  P  C  E  N  U  K  C
S  R  I  I  Z  B  E  S  P  R  I  N  G  E  N  B  I  R  P  N
L  W  O  D  Q  I  U  D  U  G  U  N  D  W  V  P  E  H  F  M
C  O  Z  K  W  O  J  T  Q  Y  R  Z  X  J  Z  R  E  G  U  A
X  M  J  E  D  R  C  D  K  B  D  M  O  B  K  H  U  S  L  Y
X  L  E  H  W  L  R  U  V  F  J  B  O  A  W  Y  K  V  I  C
```

BEGLUECKEN
SICHPAAREN
EINDRINGEN
BESPRINGEN
DECKEN
ESIHRGEBEN

Lösung

C	A	Q	N	E	B	E	G	R	H	I	S	E	R	M	H	Q	E	J	H
N	P	M	Q	N	M	D	I	N	X	B	N	R	S	J	N	V	M	O	L
E	B	G	T	F	W	O	N	D	M	B	P	S	I	S	B	V	M	T	Q
M	V	G	E	U	H	I	C	N	S	Y	H	X	O	C	H	R	G	X	H
T	Y	B	M	U	Y	Y	I	I	Q	A	O	Y	D	E	C	K	E	N	U
D	I	T	D	W	I	V	C	S	U	V	D	S	Y	M	N	A	V	N	L
Y	H	F	H	Z	J	H	Z	Z	R	H	V	G	V	B	P	N	H	C	D
H	Z	R	Y	K	P	N	Z	G	M	B	S	C	X	T	X	P	U	C	N
R	R	E	O	A	T	C	Z	W	M	R	Y	E	T	T	Q	S	W	B	W
C	K	D	A	G	B	X	U	E	I	N	D	R	I	N	G	E	N	X	D
J	K	R	H	I	Z	D	E	F	E	E	R	N	L	G	I	Z	Y	U	T
F	E	R	Q	T	Z	A	C	L	E	Z	G	S	E	X	Y	W	Z	V	G
N	L	N	A	D	X	A	B	E	G	L	U	E	C	K	E	N	X	Q	M
C	B	Y	X	R	T	E	E	E	J	A	A	R	V	G	A	P	Q	X	H
U	T	W	L	Q	S	I	P	K	P	A	E	Z	P	C	E	N	U	K	C
S	R	I	I	Z	B	E	S	P	R	I	N	G	E	N	B	I	R	P	N
L	W	O	D	Q	I	U	D	U	G	U	N	D	W	V	P	E	H	F	M
C	O	Z	K	W	O	J	T	Q	Y	R	Z	X	J	Z	R	E	G	U	A
X	M	J	E	D	R	C	D	K	B	D	M	O	B	K	H	U	S	L	Y
X	L	E	H	W	L	R	U	V	F	J	B	O	A	W	Y	K	V	I	C

```
R  N  G  W  L  F  J  M  K  N  X  C  M  X  X  R  Z  B  N  D
A  E  Q  X  I  X  U  Q  J  A  S  F  Z  V  F  I  P  Z  N  N
N  K  Z  V  T  U  A  L  X  N  F  X  S  K  I  X  J  K  C  E
N  R  Q  D  P  C  C  L  W  B  V  E  E  S  P  U  S  T  U  O
E  A  I  O  A  S  W  E  X  C  I  F  H  X  F  Y  W  Y  R  L
H  P  Z  Z  G  K  B  U  D  N  D  Y  B  S  Q  A  A  J  L  P
M  N  Z  B  J  T  B  V  T  K  Y  G  A  P  E  U  Z  X  E  E
E  I  J  V  U  K  S  I  G  F  J  H  R  W  X  Z  H  J  S  P
N  E  P  J  Y  F  I  Y  P  V  A  R  S  T  V  Q  Q  U  B  F
J  L  V  Y  E  E  A  M  S  L  U  L  I  V  L  F  T  H  D  I
N  Q  T  O  Q  J  N  E  B  A  H  X  E  S  S  N  V  S  A  F
O  B  I  Y  J  U  T  E  Y  C  Q  J  H  Q  L  Q  X  G  S  U
Q  Q  O  E  B  O  Y  N  Y  T  N  B  W  Q  Z  L  X  K  P  K
A  R  Z  N  V  R  K  K  F  V  S  G  Q  N  G  E  R  K  X  O
N  N  T  L  E  D  P  N  Y  W  P  L  F  K  R  H  I  C  H  O
Q  T  G  E  E  R  K  Z  P  V  U  E  S  L  T  N  H  S  W  S
Q  M  F  X  Z  D  N  P  G  H  Q  G  S  S  G  V  P  P  S  B
G  Y  C  E  J  G  N  R  E  K  C  A  E  H  C  R  U  F  W  K
S  W  Y  S  E  H  Z  W  I  L  P  I  U  R  C  X  V  C  H  X
C  X  U  S  C  E  D  M  Z  W  I  M  C  T  A  K  Q  F  Y  T
```

SEXHABEN
SEXELN
EINPARKEN
RANNEHMEN
BONERN
FURCHEACKERN

Lösung

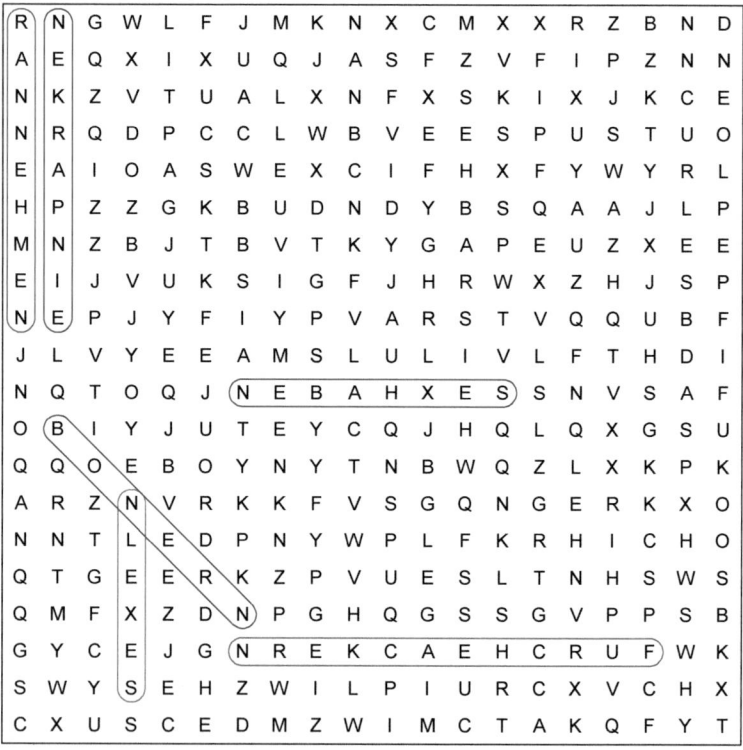

```
A  G  H  S  O  Y  K  Z  N  F  L  R  X  K  E  S  O  J  T  T
P  Q  B  O  Y  M  C  I  D  M  O  L  D  J  W  S  D  E  V  K
Z  N  L  F  U  F  Z  T  Y  Q  O  K  K  H  O  F  R  H  B  Z
O  M  E  F  E  T  P  Q  F  J  J  F  S  S  N  K  O  J  Y  A
T  S  I  U  F  U  H  O  X  Q  P  E  K  C  A  V  L  R  E  K
D  N  P  I  P  J  X  N  G  E  L  K  P  H  J  N  B  W  C  V
Z  E  S  V  O  H  S  O  E  C  P  P  X  U  A  S  X  A  K  C
Y  K  R  G  S  D  U  R  C  H  Z  I  E  H  E  N  X  L  V  B
T  C  O  X  A  O  N  W  A  Q  B  E  L  Y  Z  B  W  I  V  L
E  E  T  N  N  R  Z  U  L  P  K  D  C  E  L  C  A  Y  K  X
W  U  K  G  E  C  N  L  O  Y  I  P  H  H  R  R  F  W  Q  Q
N  L  O  S  H  N  K  E  S  R  C  H  H  Q  M  K  W  V  C  E
Q  F  D  R  C  Y  T  U  Z  Y  I  W  K  A  D  C  P  S  Y  V
N  P  V  L  E  O  P  S  V  L  U  E  H  F  Y  S  H  F  T  E
T  E  N  T  T  R  S  L  N  U  A  Z  V  J  O  A  N  G  K  M
M  M  Z  K  S  X  D  S  K  B  W  N  M  A  K  H  J  N  M  M
U  U  P  T  E  C  H  S  R  O  X  E  H  P  U  E  M  W  D  V
D  L  S  H  N  Q  T  Q  L  K  I  H  D  C  K  A  E  Q  M  Y
L  B  C  N  I  C  L  U  N  T  E  L  O  E  S  C  H  E  N  P
G  U  F  Z  E  D  T  N  O  D  X  B  P  Z  Y  K  H  L  N  H
```

LUNTELOESCHEN
DURCHZIEHEN
SCHNALZEN
BLUMEPFLUECKEN
EINESTECHEN
DOKTORSPIEL

Lösung

```
A G H S O Y K Z N F L R X K E S O J T T
P Q B O Y M C I D M O L D J W S D E V K
Z N L F U F Z T Y Q O K K H O F R H B Z
O M E F E T P Q F J J F S S N K O J Y A
T S I U F U H O X Q P E K C A V L R E K
D N P I P J X N G E L K P H J N B W C V
Z E S V O H S O E C P P X U A S X A K C
Y K R G S D U R C H Z I E H E N X L V B
T C O X A O N W A Q B E L Y Z B W I V L
E E T N N R Z U L P K D C E L C A Y K X
W U K G E C N L O Y I P H H R R F W Q Q
N L O S H N K E S R C H H Q M K W V C E
Q F D R C Y T U Z Y I W K A D C P S Y V
N P V L E O P S V L U E H F Y S H F T E
T E N T T R S L N U A Z V J O A N G K M
M M Z K S X D S K B W N M A K H J N M M
U U P T E C H S R O X E H P U E M W D V
D L S H N Q T Q L K I H D C K A E Q M Y
L B C N I C L U N T E L O E S C H E N P
G U F Z E D T N O D X B P Z Y K H L N H
```

Weitere Titel von Anna Lana

BSDM
WORTSUCHRÄTSEL
BUCH
für Erotik Fans

F*CK*N
WORTSUCHRÄTSEL
BUCH
für Erotik Fans

Penis
WORTSUCHRÄTSEL
BUCH
für Erotik Fans

Masturbation
WORTSUCHRÄTSEL
BUCH
für Erotik Fans

Kamasutra
WORTSUCHRÄTSEL
BUCH
für Erotik Fans

Swinger
WORTSUCHRÄTSEL
BUCH
für Erotik Fans

Vagina
WORTSUCHRÄTSEL
BUCH
für Erotik Fans